Flechtfrisuren
für beste Freundinnen
Der Step-by-Step-Guide

Die dänische Originalausgabe erschien erstmals 2014 bei People'sPress in Dänemark unter dem Titel „Fletninge".

© 2016 frechverlag GmbH, Turbinenstraße 7, 70499 Stuttgart
© Laura Kristine Arnesen, Marie Moesgaard Wivel, 2014

Produktmanagement: Angela Vornefeld
Übersetzung: Stephanie Elisabeth Baur
Lektorat: Cosima Kroll
Fotos: Laura Kristine Arnesen, Marie Moesgaard Wivel
Grafik: Rasmus Funder
Umschlaganpassung: Sophia Höpfner
Satz: WS–WerbeService Linke, 76185 Karlsruhe
Printed in EU 2018

4. Auflage 2018
ISBN: 978-3-7724-7612-9   Best.-Nr. 7612

LAURA & MARIE

Flechtfrisuren
für beste Freundinnen
❧ Der Step-by-Step-Guide ❧

INHALT

VORWORT

Schon seit wir denken können, lieben wir geflochtene Zöpfe.

Wir kennen uns aus Vorschultagen und schon in den unteren Klassenstufen haben wir und unsere Freundinnen jede nur erdenkliche Gelegenheit beim Schopf gepackt und uns gegenseitig die Haare frisiert. Damals war das Flechten für uns noch ein netter kleiner Zeitvertreib unter Freundinnen, heute ist es unsere große Leidenschaft.

Alles begann im April 2013. Uns war langweilig, also dachten wir, es wäre vielleicht eine ganz lustige Idee, ein paar neue Flechttechniken auszuprobieren. Daraufhin holten wir uns ein wenig Anregung im Internet und probierten die Zöpfe aneinander aus. Im Nu waren wir Feuer und Flamme! Wir beschlossen, uns ein eigenes Instagram-Profil einzurichten, über das wir unsere Kreationen mit anderen Mädchen teilen wollten. Nie hätten wir gedacht, dass es außer uns noch so viele andere Mädchen mit diesem Hobby gibt, aber schon bald hatte sich über unser Instagram-Profil eine große Gruppe von Mädchen aus aller Welt zusammengefunden.

Das Flechten von Zöpfen ist ein Handwerk, das schon seit Jahrhunderten von einer Generation zur nächsten weitergegeben wird. Wir sind davon überzeugt, dass jedes Mädchen auf der ganzen Welt, ganz egal aus welcher Kultur es stammt, das Flechten der Haare als einen wunderschönen gemeinsamen Moment mit seiner Mutter, Großmutter oder Freundin erlebt.

Ein Vorteil des Flechtens ist auch, dass alle mitmachen können. Einen schönen Zopf zu flechten kostet nämlich nichts. Heutzutage geht es ständig um teure Taschen und die »richtigen« Marken. Fürs Flechten jedoch braucht man lediglich etwas guten Willen und Geduld. Das Gefühl, mit

einem absolut einmaligen Zopf aus dem Haus zu spazieren, ist etwas ganz Besonderes.

Auf Youtube kannst du dir in englischsprachigen Videos ansehen, wie wir die Frisuren flechten. Dazu einfach die QR-Codes abscannen.

Mit unserem Buch möchten wir nun auch dich dazu anregen, die eine oder andere unserer Lieblingsfrisuren auszuprobieren und wir hoffen, dass du beim gemeinsamen Flechten mit anderen vielleicht ähnlich schöne Momente erlebst wie wir.

Liebe Grüße, Laura und Marie

FLECHT-TIPPS

Das Gute am Flechten ist, dass du einfach so loslegen kannst, egal wie deine Haare gerade sind. Es gibt keine bestimmten Voraussetzungen, die erfüllt sein müssten. Du kannst dir die Arbeit allerdings sehr erleichtern, wenn du die Haare vor Beginn immer gründlich durchkämmst. So vermeidest du kleine Knötchen im Haar, die dich später beim Flechten stören könnten.

Fürs Flechten ist es egal, ob die Haare frisch gewaschen sind, oder ob die letzte Haarwäsche schon ein paar Tage zurückliegt. Es ist eigentlich sogar von Vorteil, wenn die Haare nicht ganz frisch gewaschen sind, weil sie sich so besser handhaben lassen und die Frisur am Ende besser hält.

Für den Anfang ist es ganz hilfreich, wenn du das Flechten an deiner Freundin, Schwester oder Mutter üben kannst. Doch auch wenn es an einer anderen Person meist einfacher geht, ist das Flechten an sich selbst ganz bestimmt kein Ding der Unmöglichkeit. Tatsächlich eignen sich viele der Frisuren in diesem Buch ausgezeichnet, um sie an sich selbst auszuprobieren. Anfängerinnen empfehlen wir, zunächst an anderen zu flechten. Bist du aber schon für eine Herausforderung bereit, dann lass dich auf keinen Fall davon abhalten, die Zöpfe gleich an dir selbst auszuprobieren!

WAS DU ZUM FLECHTEN BENÖTIGST

Auch wenn du fürs Flechten nicht besonders viel Ausrüstung brauchst, ist neben einer Haarbürste folgende Grundausstattung unverzichtbar:

1. *Gewöhnliche Haargummis* dienen dazu, Pferdeschwänze zu binden und Zöpfe abzuschließen. Haargummis gibt es in vielen verschiedenen Ausführungen, du solltest jedoch darauf achten, dass sie einigermaßen zu deiner Haarfarbe passen.

2. *Kleine, transparente Haargummis.* Obwohl man jeden Zopf natürlich auch mit einem ganz gewöhnlichen Haargummi abschließen kann, verwenden wir immer kleine, transparente Gummis. Damit erhält der Zopf einen sehr eleganten Abschluss, weil es so aussieht, als würde er von ganz allein halten. Diese Haargummis gibt es in jedem Drogeriemarkt.

3. Mit *Haarnadeln* lassen sich Haare und Frisuren am Kopf feststecken. Auch hier solltest du darauf achten, dass die Haarnadeln einigermaßen zu deiner Haarfarbe passen, da sie sich so leichter verbergen lassen.

4 Mit einem *Kamm* kann man Scheitel ziehen bzw. Haare abteilen und sie toupieren. Der Kamm sollte einen dünnen Metallstiel haben, da sich damit präzisere Scheitel ziehen lassen. Solche Kämme gibt es ebenfalls in jedem Drogeriemarkt.

5 Mit dem *Haardonut* lassen sich schöne große Knoten frisieren. Der Haardonut verleiht dem Knoten Volumen und lässt die Illusion entstehen, als hättest du unheimlich dicke Haare. Es gibt ihn in vielen verschiedenen Größen und Farben in jedem Drogeriemarkt, aber auch hier solltest du dir einen zulegen, der einigermaßen zu deiner Haarfarbe passt.
TIPP: Wenn du keinen Haardonut besitzt, kannst du dir ganz einfach selbst einen basteln. Dazu musst du nur ein Loch in die Spitze einer (sauberen :-)) Socke schneiden, diese dann in sich zusammenrollen, und schon hast du die Donut-Form.

6 Mit *Haarspray* lässt sich die fertige Frisur fixieren. Haarspray ist besonders dann wichtig, wenn deine Frisur den ganzen Abend über perfekt sitzen soll. Auch das gibt es in jedem Drogeriemarkt.

7 *Moroccanoil.* Eine kleine Menge ins handtuchtrockene Haar macht es seidiger und bändigt fliegende Härchen.

Klassische FLECHT-FRISUREN

In diesem Kapitel zeigen wir dir fünf klassische Flechttechniken.

Da eine Vielzahl von Frisuren auf diesen Techniken aufbaut, empfehlen wir dir, zunächst diese zu lernen, bevor du dich den komplizierteren Frisuren in diesem Buch zuwendest.

Wenn du die klassischen Flechttechniken beherrschst, bist du schon richtig weit. Denn auch wenn viele Flechtfrisuren sehr anspruchsvoll aussehen, handelt es sich bei fast allen um Variationen dieser fünf klassischen Zöpfe.

Der französische ZOPF

Der französische Zopf gehört zum Grundrepertoire, das alle beherrschen sollten. Er ist für jeden Anlass geeignet und kommt nie aus der Mode. Die Technik des französischen Zopfes findet bei vielen verschiedenen Frisuren Anwendung, und wenn du sie einmal beherrschst, kannst du sie vielfältig einsetzen.

SCHWIERIGKEITSGRAD · **EINFACH**
DU BENÖTIGST · **EIN KLEINES HAARGUMMI**
DAUER · **5 MINUTEN**

Step by step
ANLEITUNG

1 Nimm den obersten Teil der Haare in die Hand.
2 Unterteile die Partie in 3 gleich große Stränge.
3 Lege den rechten Strang über die Mitte.
4 Lege den linken Strang über die Mitte.
5 Nimm von rechts eine neue Haarsträhne auf.
6 Füge sie dem rechten Strang hinzu und lege diesen über die Mitte.
7 Wiederhole die Schritte 5–6 auf der linken Seite.
8 Mach so weiter, bis du alle Haare in den Zopf aufgenommen hast, und flicht den Rest ganz normal zu Ende.
9 Befestige den Zopf zum Schluss mit einem kleinen Haargummi.

Hier kannst du sehen, wie's geht:

Der
holländische
ZOPF

Diesen Zopf hast du möglicherweise noch nie gesehen. Die Technik erinnert an die des französischen Zopfes, doch anstatt ins Haar eingeflochten zu sein, liegt der holländische Zopf »oben auf«. Deshalb wird er auch aufliegender Zopf genannt.

SCHWIERIGKEITSGRAD · **EINFACH**
DU BENÖTIGST · **EIN KLEINES HAARGUMMI**
DAUER · **5 MINUTEN**

Step by step
ANLEITUNG

1 Nimm das oberste Drittel der Haare.

2 Unterteile die Partie in 3 gleich große Stränge.

3 Führe den rechten Strang unter dem mittleren hindurch (anstatt ihn wie sonst beim Flechten darüberzulegen).

4 Führe nun den linken Strang unter der Mitte hindurch.

5 Nimm von der rechten Seite des Kopfes eine neue Haarsträhne auf.

6 Füge die Strähne dem rechten Strang hinzu und führe diesen unter der Mitte hindurch.

7 Wiederhole die Schritte 5–6 auf der linken Seite.

8 Mach so weiter, bis du alle Haare in den Zopf aufgenommen hast, und flicht den Rest ganz normal zu Ende, indem du die Stränge weiterhin unter der Mitte hindurch flichtst.

9 Befestige den Zopf zum Schluss mit einem kleinen Haargummi.

Hier kannst du sehen, wie's geht:

TIPP

Nach dem Flechten kannst du den Zopf an den Seiten ein wenig nach außen zupfen, damit er größer wirkt. Dadurch sehen deine Haare wesentlich dicker aus.

Der Fischgräten-ZOPF

Der perfekte Zopf, wenn dir der Sinn nach einem etwas reiferen Look steht!

Das Fantastische an diesem Zopf ist, dass er wesentlich schwieriger aussieht, als er in Wirklichkeit ist. Außerdem sieht er nicht nur am Rücken geflochten super aus, er lässt sich auch toll mit einem Pferdeschwanz kombinieren oder als stylischer Seitenzopf tragen.

SCHWIERIGKEITSGRAD · **EINFACH**
DU BENÖTIGST · **EIN KLEINES HAARGUMMI**
DAUER · **5-7 MINUTEN**

Step by step
ANLEITUNG

1 Unterteile die Haare mithilfe eines Mittelscheitels in 2 gleich große Stränge. Wir flechten den Fischgrätenzopf sehr gern direkt am Rücken entlang, du kannst ihn aber genauso gut seitlich flechten. Dazu legst du die Haare über eine Schulter und flichtst aus dieser Position nach unten. Wenn du den Zopf an dir selbst flichtst, ist die seitliche Variante eine ganz gute Wahl. So kannst du dich nämlich beim Flechten im Spiegel beobachten.

2 Nimm eine dünne Strähne von der Außenseite des linken Haarstranges.

3 Lege sie über Kreuz nach rechts und füge sie dem rechten Strang hinzu.

4 Nimm nun eine dünne Strähne von der Außenseite des rechten Stranges, lege sie über Kreuz nach links und füge sie dem linken Strang hinzu.

5 Wiederhole die Schritte 2–4 so lange, bis du unten angekommen bist.

6 Befestige deinen Zopf mit einem kleinen Haargummi.

Hier kannst du sehen, wie's geht:

TIPP

Wenn du wenig Zeit hast, kannst du den Zopf mit etwas dickeren Strähnen flechten. So bist du schneller fertig, und dein Zopf erhält einen etwas anderen, echt tollen Look.

Der Kordel-
ZOPF

Den Kordelzopf lieben wir alle beide, er ist schön schlicht und gleichzeitig so besonders. Wenn man die Technik erst einmal beherrscht, ist er sogar einfacher als ein gewöhnlich geflochtener Zopf.

Dieser Zopf ist noch nicht so weit verbreitet, was dich aber keinesfalls davon abhalten sollte, ihn auszuprobieren. Der Kordelzopf sieht auch in Verbindung mit einem Pferdeschwanz großartig aus. Dafür machst du dir zuerst einen ganz normalen hohen Pferdeschwanz und zwirbelst dann vom Haargummi nach unten.

SCHWIERIGKEITSGRAD · **EINFACH**
DU BENÖTIGST · **EIN KLEINES HAARGUMMI**
DAUER · **5 MINUTEN**

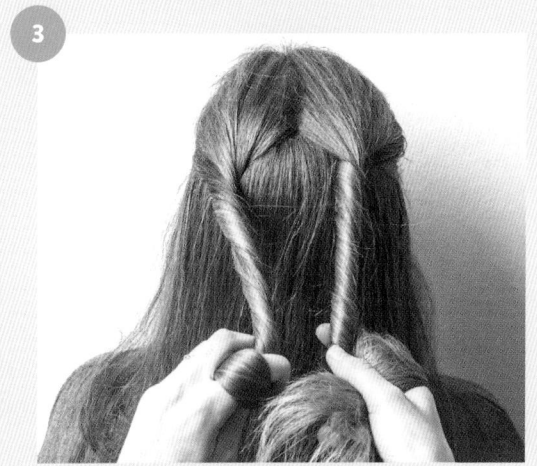

Step by step
ANLEITUNG

1   Nimm den obersten Teil der Haare zusammen (du kannst dir auch zuerst einen Pferdeschwanz machen oder den Zopf direkt am Rücken entlang nach unten drehen).

2   Unterteile die Partie in 2 gleich große Stränge.

3   Zwirble beide Stränge in dieselbe Richtung – am einfachsten geht es rechtsherum, also im Uhrzeigersinn.

4   Winde die beiden Stränge dann gegen den Uhrzeigersinn umeinander, d.h. der rechte Strang muss über den linken.

5   Winde die beiden Stränge so lange umeinander, bis du unten angelangt bist.

6   Befestige den Zopf mit einem kleinen Haargummi.

Hier kannst du sehen, wie's geht:

TIPP

Es ist unheimlich wichtig, dass die Stränge in die richtige Richtung gezwirbelt werden, sonst wird der Zopf zu locker und löst sich trotz Haargummi sofort wieder auf.

Der Borten-
ZOPF

Das Besondere am Bortenzopf ist, dass dem Zopf nur von einer statt von zwei Seiten Haare hinzugefügt werden. Dieser Zopf ist auch deshalb so großartig, weil es ihn in so vielen verschiedenen Varianten gibt. Zum Beispiel kannst du ihn sowohl mit der französischen, als auch mit der holländischen Technik flechten.

SCHWIERIGKEITSGRAD · **EINFACH**
DU BENÖTIGST · **EIN KLEINES HAARGUMMI**
DAUER · **5 MINUTEN**

Step by step
ANLEITUNG

1 Nimm seitlich über dem Gesicht eine kleine Haarpartie auf.

2 Unterteile die Partie in 3 gleich große Stränge und halte diese waage-recht (dieser Zopf wird nicht nach unten, sondern horizontal am Kopf entlanggeflochten).

3 Flicht nun zuerst den oberen Strang über die Mitte, dann den vorne beim Gesicht.

4 Hole dir nun vom Scheitel eine kleine Strähne herunter, füge sie dem oberen Strang hinzu und kreuze diesen über die Mitte.

5 Lege als Nächstes wieder den vorderen Strang über die Mitte, nimm jedoch keine weiteren Haare auf.

6 Wiederhole die Schritte 4–5, bis du die gewünschte Länge erreicht hast. Wir schließen diesen Zopf gern seitlich am Kopf ab, du kannst ihn aber auch weiter bis zum anderen Ohr flechten.

7 Flicht den Zopf zu Ende, ohne dabei weitere Haare aufzunehmen und befestige ihn zum Schluss mit einem kleinen Haargummi.

Hier kannst du sehen, wie's geht:

TIPP

Wenn du die holländische Variante des Bortenzopfes flechten möchtest, musst du die Haare unter der Mitte hindurch-flechten, statt sie wie in unserer Anlei-tung darüberzulegen.

WENN DU
die 5 klassischen Flechttechniken beherrschst, kannst du so gut wie alles flechten!

Unterteile die Haare in 3 gleich große Stränge und flicht aus jedem einen Fischgrätenzopf. Flicht diese 3 Fischgrätenzöpfe zu einem ganz gewöhnlichen Zopf zusammen.

▶

FISCHGRÄTE

KORDEL

FRANZÖSISCH

FRANZÖSISCH

◀

Flicht vom Nacken aufwärts einen französischen Zopf und binde die Haare zu einem hohen Pferdeschwanz zusammen.

◀

Flicht dir seitlich am Kopf einen holländischen Zopf und zupfe die Ränder ein wenig auseinander, damit er fülliger wirkt.

BORTE

FRANZÖSISCH

HOLLÄNDISCH

Flecht-
LOOKS

In diesem Kapitel zeigen wir dir unsere 10 Lieblings-Looks. Die Frisuren unterscheiden sich ziemlich, sowohl in ihrem Schwierigkeitsgrad als auch in ihrem Aussehen. Es ist also sicherlich für jeden etwas dabei.

Manche Frisuren sind äußerst einfach, während dich andere mit ihren neuen und einzigartigen Flechttechniken ganz schön herausfordern werden. Doch ganz egal, ob du auf der Suche nach einem leichten Zopf für jeden Tag für die Schule bist, oder ob du Ausschau nach einem etwas flippigeren und ausgefalleneren Zopf hältst: Hier wirst du garantiert fündig!

Der Wasserfall-ZOPF

Der Wasserfallzopf ist einer unserer absoluten Favoriten!
Er sieht so einfach aus und trotzdem werden die Leute
stutzen und sich fragen, wie er wohl gemacht ist.

Obwohl dieser Zopf sicherlich nicht ganz einfach ist und
man dafür schon einige technische Fertigkeiten besitzen muss,
solltest du die Flinte auf keinen Fall ins Korn werfen – das
Ergebnis ist wirklich alle Mühe wert!

SCHWIERIGKEITSGRAD · **MITTEL**

DU BENÖTIGST · **EIN KLEINES HAARGUMMI ODER
EIN PAAR HAARNADELN**

DAUER · **5-7 MINUTEN**

Step by step
ANLEITUNG

1 Nimm seitlich am Kopf oberhalb vom Ohr eine kleine Haarpartie auf.

2 Unterteile die Partie in 3 gleich große Strähnen und halte diese
   waagerecht (dieser Zopf wird nicht nach unten, sondern horizontal am
   Kopf entlang und nach Belieben weiter bis zum anderen Ohr
   geflochten).

3 Flicht nun zuerst die obere Strähne über die Mitte, dann die vordere.

4 Füge der oberen Strähne ein wenig Haar vom Oberkopf hinzu und
   kreuze diese dann über die Mitte.

5 Bitte dein Modell, dass es die vordere Strähne festhält (falls du den
   Zopf an dir selbst flichtst, kannst du sie dir zwischen die Lippen
   klemmen).

6 Nimm eine weitere Strähne vom Kopf auf, und zwar direkt neben der,
   die dein Modell gerade festhält. Diese neue Strähne soll die ersetzen,
   die du eben beiseitegelegt hast.

7 Flicht nun die neue Strähne von unten über die Mitte.

8 Wiederhole die Schritte 4–7 so lange, bis du einmal um den ganzen
   Kopf herum bist, und stecke den Zopf mit ein paar Haarnadeln fest.

Das holländische oder französische
HAARBAND

Diese Frisur tragen wir beide sehr gern, und wir können dir versprechen, dass du damit jede Menge Komplimente ernten wirst! Sie lässt sich auch in kurzes Haar einflechten und eignet sich besonders gut, wenn du gerade deinen Pony herauswachsen lässt.

Das geflochtene Haarband ist unsere Lieblingsfrisur für die Schule – sie braucht nicht viel Zeit und hält dir zugleich alle Haare aus dem Gesicht.

SCHWIERIGKEITSGRAD · **MITTEL**
DU BENÖTIGST · **EINEN KAMM UND EIN KLEINES HAARGUMMI**
DAUER · **5-8 MINUTEN**

Step by step
ANLEITUNG

1 Ziehe zunächst von Ohr zu Ohr einen Scheitel und teile dadurch eine Partie Haare ab. Binde das übrige Haar zu einem Pferdeschwanz zusammen, das benötigst du nicht.

2 Nimm eine dünne Strähne direkt oberhalb des Ohres und beginne wahlweise mit einem französischen oder einem holländischen Zopf (siehe S. 17 und S. 21). Wir flechten diese Frisur gern mit der holländischen Technik, weil dadurch die »Haarband«-Optik deutlicher hervortritt.

3 Wenn du beim anderen Ohr angelangt bist und alle Haare aus der Partie in den Zopf aufgenommen hast, flichtst du ihn ganz normal zu Ende.

4 Befestige den Zopf mit einem kleinen Haargummi und löse den Pferdeschwanz.

5 Nimm nun das Ende deines geflochtenen Zopfes und stecke es mit ein paar Haarnadeln unter dem offenen Haar fest, damit es darunter verschwindet.

6 Zupfe die Ränder deines geflochtenen Haarbandes ein wenig auseinander, damit es mehr Volumen bekommt.

TIPP

Diesen Zopf kannst du auf viele verschiedene Arten abschließen, z.B. auch mit einem Pferdeschwanz.

Der Fünfer-ZOPF

Bei diesem Zopf arbeiten wir mit 5 Strängen anstatt mit 3. Anfangs ist es vielleicht nicht immer einfach, den Überblick zu behalten. Hat man die Technik aber erst einmal gelernt, war es alle Mühe wert.

Der Fünfer-Zopf sieht wesentlich schwieriger aus, als er eigentlich ist und du wirst ohne Zweifel jede Menge Komplimente dafür bekommen!

SCHWIERIGKEITSGRAD · **SCHWER**
DU BENÖTIGST · **EIN KLEINES HAARGUMMI**
DAUER · **5-7 MINUTEN**

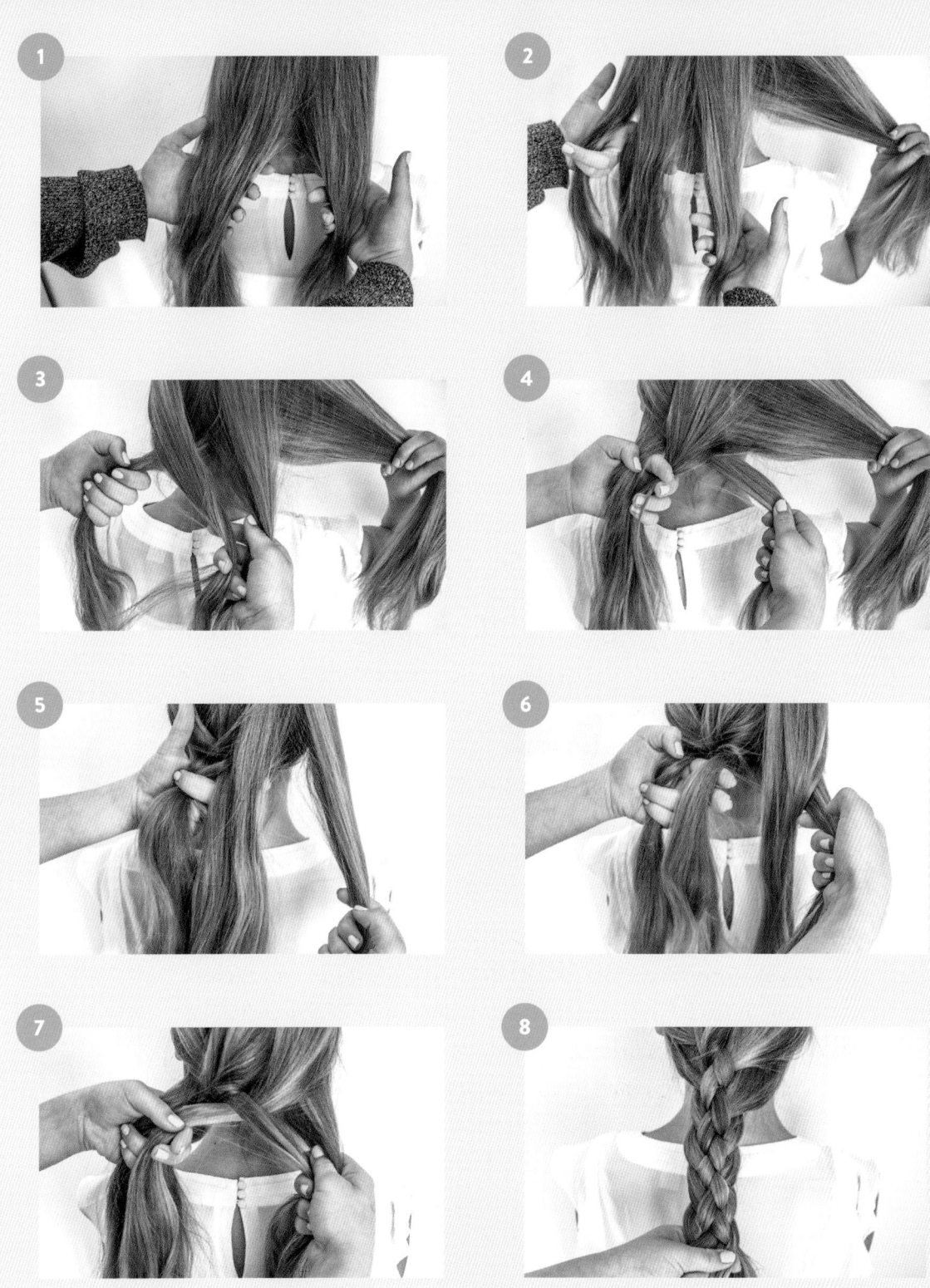

Step by step
ANLEITUNG

1 Unterteile die Haare in 2 Stränge. Dabei sollte der eine Strang etwas dicker als der andere sein.

2 Bitte dein Modell, den dünneren Strang festzuhalten, während du den anderen in 3 gleich große Strähnen unterteilst.

3 Arbeite nun mit diesem dickeren Strang (bei uns links). Kreuze die Strähne links außen über die Mitte.

4 Kreuze die rechte Strähne ebenfalls über die Mitte.

5 Nimm nun den Haarstrang, den dein Modell festhält (bei uns rechts), und unterteile ihn in 2 gleich große Strähnen. Gleichzeitig holst du dir von der linken Seite die Strähne hinzu, die den beiden rechten Strähnen am nächsten ist. So hast du wieder 3 Strähnen, mit denen du arbeiten kannst. Bitte dein Modell, die beiden übrigen Strähnen auf der linken Seite festzuhalten.

6 Nimm nun die Strähne rechts außen und kreuze sie über die Mitte.

7 Kreuze die linke deiner drei Strähnen ebenfalls über die Mitte. Nimm dann wieder die beiden Strähnen, die dein Modell festhält, und hole dir von der rechten Seite die Strähne dazu, die diesen am nächsten ist, damit du auch links wieder mit 3 Strähnen weiterflechten kannst.

8 Wiederhole die Schritte 3–7, bis du zu Ende geflochten hast, und schließe den Zopf mit einem Haargummi ab.

Der Wasserfall-
TWIST

Falls dir der klassische Wasserfallzopf nicht gelingt, ist die Twist-Version eine supersüße und etwas leichtere Alternative.

Diese Flechttechnik unterscheidet sich in vielerlei Hinsicht von der des normalen Wasserfallzopfes, u.a. arbeitet man nur mit zwei anstatt mit drei Strängen, was das Flechten etwas einfacher und übersichtlicher macht. Doch obwohl diese Technik gegenüber des normalen Wasserfallzopfes etwas einfacher ist, erhält man damit dennoch den wirklich tollen Wasserfall-Effekt.

SCHWIERIGKEITSGRAD · **EINFACH**

DU BENÖTIGST · **EIN KLEINES HAARGUMMI ODER EIN PAAR HAARNADELN**

DAUER · **5 MINUTEN**

Step by step
ANLEITUNG

1   Nimm seitlich über dem Gesicht eine etwas größere Haarpartie auf.

2   Unterteile die Partie in 2 gleich große Strähnen und halte diese wie beim ganz normalen Wasserfallzopf waagerecht.

3   Lege die vordere Strähne über die andere, sodass die beiden Strähnen den Platz tauschen.

4   Nimm nun oben am Scheitel eine kleine Strähne auf und lasse sie zwischen die beiden anderen nach unten fallen. Bitte dein Modell, diese Strähne festzuhalten.

5   Kreuze nun die vordere Strähne darüber, sodass die Strähne, die du eben dazwischen platziert hast, zwischen den beiden ersten Strähnen »eingeschlossen« wird.

6   Wiederhole die Schritte 4–5, bis du einmal am Kopf entlanggeflochten hast.

7   Stecke den Zopf mit zwei übereinandergekreuzten Haarnadeln am Kopf fest.

TIPP

Da der gesamte Zopf aus den zwei selben Strähnen geflochten wird, solltest du mit einer langen und relativ dicken Haarpartie beginnen, damit es für den ganzen Zopf reicht.

Der Katniss-
ZOPF

Wenn du ein Fan der »Tribute von Panem« bist, kennst du diesen Zopf bereits. Er ist das persönliche Markenzeichen von Katniss und in den Filmen trägt sie ihn ziemlich häufig. Der Katniss-Zopf sieht von hinten wirklich toll aus und endet in einem supersüßen Seitenzopf.

SCHWIERIGKEITSGRAD · **MITTEL**
DU BENÖTIGST · **EIN KLEINES HAARGUMMI**
DAUER · **5-7 MINUTEN**

Step by step
ANLEITUNG

1 Beginne mit einer kleinen Haarpartie über dem Ohr (ob man lieber von rechts nach links oder umgekehrt flicht, ist Geschmacksache. Wir persönlich fangen am liebsten auf der rechten Seite an).

2 Unterteile die Partie in 3 gleich große Stränge und beginne mit einem holländischen Zopf (siehe S. 21)

3 Beim Flechten solltest du unbedingt im Hinterkopf behalten, dass dein Zopf unterhalb des gegenüberliegenden Ohres enden soll, d.h. dein Zopf muss sich diagonal nach unten um den Kopf legen.

4 Sobald du auf der anderen Seite des Kopfes angelangt bist und alle Haare in den Zopf aufgenommen hast, flichtst du ihn ganz normal zu Ende, wobei du die Stränge weiterhin untereinander hindurchkreuzt.

5 Befestige deinen fertigen Zopf mit einem kleinen Haargummi und zupfe den Zopf an den Seiten etwas auseinander, damit er voller wird.

TIPP

Für den echten Katniss-Look kannst du die Haare vor dem Flechten ein wenig wellen und am Schluss ein paar gelockte Strähnchen in die Stirn zupfen.

Die geflochtene ACHT

Dieser Zopf ist supercool und mit Abstand einer unserer Lieblinge! Er heißt „geflochtene Acht", weil die Haare wie in einer fortlaufenden Acht geflochten werden. Dadurch entsteht ein schmaler, sehr kompakter Zopf – was ihn so wunderbar anders macht.

SCHWIERIGKEITSGRAD · **MITTEL**
DU BENÖTIGST · **EIN KLEINES HAARGUMMI**
DAUER · **10-15 MINUTEN**

Step by step
ANLEITUNG

1 Unterteile die Haare in 2 genau gleich große Partien (dieser Zopf sieht sowohl im Pferdeschwanz als auch am Rücken geflochten gut aus, die Entscheidung liegt also ganz bei dir).

2 Nimm eine dünne Strähne vom äußeren Rand der linken Partie.

3 Lege diese Strähne nun über die linke Partie und führe sie unter der rechten hindurch.

4 Führe nun dieselbe Strähne erst über die rechte Partie und dann unter der linken Partie hindurch. Du hast nun eine vollständige Acht gemacht.

5 Wiederhole die Achter-Methode, bis deine Strähne so kurz ist, dass sie sich fast nicht mehr um die beiden großen Partien schlingen lässt. Wenn das so weit ist, nimmst du zu der kurzen Strähne eine dünne Strähne von einer der großen Partien hinzu und führst sie dann ebenfalls in einer fortlaufenden Achterbewegung um die beiden großen Partien herum.

6 Wiederhole diesen Schritt so lange, bis du unten angelangt bist. Achte dabei darauf, abwechselnd Strähnen von beiden Partien aufzunehmen, damit am Ende nicht eine Seite dicker ist als die andere. Befestige deinen Zopf abschließend mit einem kleinen Haargummi.

Der Brezel- KNOTEN

Der Brezelknoten ist eigentlich ein Pfadfinderknoten. Wenn du deine Haare gern offen trägst, sie aber zugleich aus dem Gesicht haben möchtest, ist der Brezelknoten eine wirklich elegante und hübsche Lösung. Ein weiterer Vorteil dieser schlichten und bezaubernden Frisur ist, dass man weder Haargummis noch Haarnadeln dafür benötigt.

SCHWIERIGKEITSGRAD · **SCHWER**
DU BENÖTIGST · **EVTL. HAARNADELN**
DAUER · **5 MINUTEN**

Step by step
ANLEITUNG

1   Nimm zunächst oberhalb jedes Ohres eine Strähne auf. Die beiden Strähnen sollten unbedingt lang und nicht allzu dick sein. Bitte dein Modell, die rechte Strähne festzuhalten, während du mit der linken arbeitest. Wenn du möchtest, kannst du das übrige Haar in einem Pferdeschwanz zusammenbinden, damit es dir nicht im Weg ist.

2   Forme die linke Strähne zu einer Schlaufe. Achte bei deiner Schlaufe darauf, dass ihr Ende genau wie auf unserem Bild obenauf liegt.

3   Nimm nun die rechte Strähne zwischen zwei Finger und lege sie über die Hand, mit der du weiterhin die Schlaufe festhältst.

4   Stecke zwei Finger unter der linken Strähne hindurch.

5   Greife die Strähne, die über deiner Hand liegt, und ziehe sie unter der linken Strähne hindurch nach oben.

6   Lege die Strähne wie auf dem Bild über die Schlaufe.

7   Stecke die Strähne durch die Schlaufe.

8   Führe sie unter der Strähne hindurch, die von rechts kommt.

9   Stecke sie nun noch einmal durch die Schlaufe und ziehe den »Knoten« ein wenig straff, falls er zu lose sein sollte.

TIPP

Wenn du auf Nummer sicher gehen willst, dass dein Knoten den ganzen Tag über hält, kannst du ihn so diskret wie möglich mit einer Haarnadel feststecken.

Die holländische KRONE

Die holländische Krone ist eine unserer Lieblingsfrisuren. Sie steht allen und sieht einfach zauberhaft aus. Mit Sicherheit werden sich die Leute wundern, wie sie gemacht ist. Man kann nämlich so gut wie gar nicht erkennen, wo der Zopf anfängt, und wo er aufhört.

SCHWIERIGKEITSGRAD · **MITTEL**

DU BENÖTIGST · **EIN KLEINES HAARGUMMI UND VIELE HAARNADELN**

DAUER · **10-15 MINUTEN**

Step by step
ANLEITUNG

1 Teile – wie beim französischen oder holländischen Haarband – zunächst eine Partie Haare von einem Ohr zum anderen ab (siehe S. 45). Binde das übrige Haar zu einem Pferdeschwanz zusammen, damit es aus dem Weg ist.

2 Flicht von einem Ohr zum anderen ein holländisches Haarband (siehe S. 46/47).

3 Entferne nun das Haargummi aus dem Pferdeschwanz und setze deinen holländischen Zopf am Hinterkopf entlang fort.

4 Flicht bis zu dem Ohr weiter, an dem du begonnen hast, oder bis du keine Haare mehr in den Zopf aufnehmen kannst. Denke daran, dass dein Zopf »rund« wie eine Krone werden soll, deshalb sollte er so tief wie möglich am Hinterkopf entlanglaufen.

5 Wenn du alle Haare in den Zopf aufgenommen hast, flichtst du den Rest ganz normal zu Ende und schließt den Zopf mit einem kleinen Haargummi ab.

6 Lege den Zopf nun an dem Haarband, mit dem du begonnen hast, entlang und stecke ihn mit Haarnadeln fest.

7 Um das Haargummi verschwinden zu lassen, kannst du es ein wenig unter den Zopf schieben und dort mit einer Haarnadel befestigen.

◀ TIPP

Bei dieser Frisur zupfen wir sehr gern die Ränder des Zopfes ein wenig auseinander – das sieht total süß aus und lässt die Haare voller aussehen.

Der
Schlangen-
ZOPF

Dieser stylische Zopf ist wirklich etwas ganz Besonderes, und du bist ihm mit Sicherheit noch nirgendwo begegnet. Wir finden diese Frisur total süß. Außerdem ist sie praktisch für die Schule, weil sie dir die Haare aus dem Gesicht hält. Auf Englisch heißt dieser Zopf auch »slide up braid«, weil man die Haare am Schluss nach oben »gleiten« lässt – wodurch ein richtig cooler Look entsteht!

SCHWIERIGKEITSGRAD · **MITTEL**
DU BENÖTIGST · **EIN KLEINES HAARGUMMI**
DAUER · **5-7 MINUTEN**

Step by step
ANLEITUNG

1   Teile zunächst eine größere Haarpartie direkt über dem einen Ohr ab und halte sie waagerecht.

2   Unterteile diese Partie in 4 gleich große Strähnen.

3   Nimm die Strähne rechts außen und kreuze sie über die benachbarte Strähne.

4   Kreuze nun dieselbe Strähne unter der nächsten hindurch und lege sie über die Strähne ganz links.

5   Überkreuze die beiden mittleren Strähnen, indem du die untere der beiden über die andere führst. Wiederhole die Schritte 3–5, bis du am Zopfende angelangt bist, dabei nicht allzu fest flechten.

6   Halte nun die Enden der vier Strähnen so vor dich hin, dass du alle sehen kannst. Suche Strähne Nummer 2 von links und halte sie mit einer Hand fest.

7   Nimm die 3 restlichen Strähnen in die andere Hand und »schiebe« sie wie auf dem Bild gezeigt nach oben.

8   Ziehe den Zopf wieder ein wenig auseinander, bis er so aussieht, wie du ihn gern hättest.

9   Sichere deinen Zopf vorläufig mit einem Haargummi, während du auf der anderen Seite des Kopfes noch einmal genau das Gleiche machst. Zum Schluss bindest du beide Zöpfe am Hinterkopf mit einem kleinen Haargummi zusammen.

Der Rosen-
DUTT

Hierbei handelt es sich um eine ausgesprochen schlichte und elegante Frisur, die sich für jeden Anlass eignet. Der Rosen-Dutt ist die perfekte Sommerfrisur, die wir besonders gern am Strand tragen.

Zudem ist diese tolle Frisur wirklich einfach – du musst nur einen ganz gewöhnlichen Zopf flechten!

SCHWIERIGKEITSGRAD · **EINFACH**

DU BENÖTIGST · **EIN KLEINES HAARGUMMI UND EIN PAAR HAARNADELN**

DAUER · **5 MINUTEN**

Step by step ANLEITUNG

1   Teile zunächst die oberste Partie der Haare ab.

2   Unterteile sie in 3 gleich große Stränge und flicht einen ganz gewöhn-lichen Zopf. Binde diesen am Ende mit einem kleinen Haargummi zusammen.

3   Zupfe den Zopf an einer Seite ein wenig auseinander. Dadurch soll dein Dutt später wie eine Blume aussehen.

4   Rolle den Zopf nun um sich selbst ein, sodass eine Blume entsteht.

5   Stecke ihn dabei fortlaufend mit Haarnadeln am Kopf fest.

6   Verstecke das Zopfende unter der Blume und befestige deinen fertigen Dutt mit ein paar Haarnadeln.

BE MY VALENTINE

Erfinde eigene Flechtfrisuren für ganz spezielle Anlässe

▶

Nimm eine große Partie Haare oberhalb des Ohres und flicht einen ganz gewöhnlichen Zopf. Auf der gegenüberliegenden Seite genauso arbeiten und beide Zöpfe hinten um den Kopf schlingen und feststecken.

◀

Flicht drei holländische Haarbänder direkt nebeneinander (siehe S. 45) und lege die Enden zwischen den geflochtenen Bändern über den Kopf. Stecke sie mit Haarnadeln am Kopf fest.

▲ Binde die Haare auf dem Oberkopf zu einem Pferdeschwanz. Stecke über dem Haargummi zwei Finger durch die Haare, sodass ein Loch entsteht. Umfasse den Pferdeschwanz und ziehe ihn durch die Öffnung hindurch. Teile ihn in 2 Stränge und flicht daraus zwei Zöpfe. Binde die Zöpfe etwas weiter unten am Kopf so zusammen, dass sie ein Herz bilden.

Geflochtene Festtags-
LOOKS

In diesem Kapitel zeigen wir dir 5 tolle Looks, die sich für Feste oder andere besondere Anlässe eignen. Egal, ob du auf der Suche nach einer süßen Frisur für eine Konfirmation oder Hochzeit bist, oder ob du eher etwas Wildes und Stylisches für eine Party oder einen Geburtstag brauchst: Hier ist für jeden etwas dabei!

Wir lieben diese 5 Looks! Sie sind jeder für sich so einzigartig und toll und trotzdem lassen sie sich mit ein wenig Übung von jedem nachvollziehen. Wenn du deiner Frisur einen etwas persönlicheren Touch verleihen willst, kannst du sie noch mit Perlen, Blumen, Bändern oder Haarspangen schmücken.

Umflochtener HAARKNOTEN

Wir lieben diesen bezaubernden Knoten, der für Konfirmationen und Hochzeiten wie geschaffen ist! Ein weiterer Pluspunkt dieser Frisur ist, dass alle Haare aus dem Gesicht gehalten werden, weshalb sie sich auch perfekt zum Tanzen, Sporttreiben oder Ähnlichem eignet.

SCHWIERIGKEITSGRAD · **SCHWER**

DU BENÖTIGST · **EIN GROSSES HAARGUMMI, EINEN HAAR-DONUT, EIN KLEINES HAARGUMMI UND EIN PAAR HAARNADELN**

DAUER · **10-15 MINUTEN**

Step by step
ANLEITUNG

1 Binde die Haare zu einem hohen Pferdeschwanz zusammen.

2 Nimm eine dünnere Strähne von der Unterseite des Pferdeschwanzes und bitte dein Modell, diese festzuhalten.

3 Ziehe den Pferdeschwanz durch den Haardonut hindurch und verteile die Haare gleichmäßig darüber. Die dünne Strähne dabei nicht mit durch den Donut ziehen.

4 Nimm nun genau diese dünne Strähne und halte sie waagerecht.

5 Flicht mit dieser Strähne einen holländischen Bortenzopf (siehe S. 33), indem du fortlaufend Haare von oben aus dem Pferdeschwanz hinzufügst, also von denen, die über dem Donut liegen.

6 Flicht einmal ganz um den Knoten herum und achte dabei darauf, dass der Zopf möglichst nah am Knoten entlangläuft.

7 Wenn du wieder an der Stelle angelangt bist, an der du mit dem Flechten begonnen hast, und keine Haare mehr übrig sind, die du dem Zopf hinzufügen könntest, flichtst du den Zopf ganz normal zu Ende. Bleibe bei der holländischen Technik, indem du die Strähnen weiterhin untereinander durchkreuzt. Schließe den Zopf mit einem Haargummi ab.

8 Wickle den Zopf nun unter deinem Bortenzopf um den Knoten, sodass man ihn nicht mehr sehen kann, und stecke ihn am Schluss mit ein paar Haarnadeln fest.

9 Falls dein Knoten etwas zu lose sitzt, steckst du ihn mit einigen Haarnadeln am Kopf fest.

Frecher SEITENZOPF

Diese Frisur verleiht dir einen so richtig punkigen Look, der perfekt für jede Party ist. Durch diese Technik entsteht der Eindruck eines Sidecuts, was wir einfach großartig finden!

SCHWIERIGKEITSGRAD · **EINFACH**
DU BENÖTIGST · **EIN KLEINES HAARGUMMI UND EINEN KAMM**
DAUER · **5-7 MINUTEN**

Step by step
ANLEITUNG

1 Ziehe als Erstes mit dem Kamm einen tiefen Seitenscheitel.

2 Nimm unmittelbar über dem Ohr eine kleine Haarpartie auf und unterteile sie in 3 gleich große Strähnen.

3 Flicht einen französischen oder holländischen Zopf (siehe S. 17 und S. 21).

4 Nimm so lange Haare in den Zopf auf, bis du einmal an der Seite des Kopfes entlanggeflochten hast. Flicht den Zopf von dort ganz normal weiter (wenn du vorher einen holländischen Zopf geflochten hast, musst du die Strähnen weiterhin untereinander durchkreuzen). Sichere den Zopf mit einem kleinen Haargummi.

5 Stecke den Zopf mit ein paar Haarnadeln am Hinterkopf fest.

6 Wenn du ein paar Haare vom Oberkopf herunterholst und über die Haarnadeln drapierst, kannst du diese kaschieren.

TIPP

Wenn deine Frisur ganz besonders toll aussehen soll, kannst du die Haare vor dem Flechten leicht wellen. Damit wird der Look erst richtig umwerfend!

Der gekordelte
GRETCHENZOPF

Dieser absolut goldige Zopf ist wirklich die perfekte Frisur für festliche Anlässe! Sie ist bei den Promis ausgesprochen beliebt und häufig auf dem roten Teppich anzutreffen. Beim Flechten solltest du unbedingt im Kopf behalten, dass der Zopf ein wenig lose und zerzaust aussehen soll – es können also ruhig ein paar Strähnchen in die Stirn hängen, das sieht total süß aus. Aus diesem Grund eignet sich diese Frisur auch gut, wenn du noch nicht so viel Übung im Flechten hast: Sie muss nämlich überhaupt nicht perfekt werden.

SCHWIERIGKEITSGRAD · **EINFACH**

DU BENÖTIGST · **ZWEI KLEINE HAARGUMMIS UND JEDE MENGE HAARNADELN**

DAUER · **10 MINUTEN**

Step by step
ANLEITUNG

1 Ziehe einen Mittelscheitel, sodass du 2 gleich große Haarpartien erhältst. Während du den einen Zopf flichtst, kannst du die andere Partie mit einem Haargummi zusammenhalten.

2 Nimm nun die eine Partie und zwirbele daraus einen Kordelzopf (siehe S. 29). Dabei ist es wichtig, dass du den Zopf seitlich am Kopf ansetzt und nicht hinten. Der Zopf sollte wie auf unserem Bild unmittelbar hinter dem Ohr beginnen.

3 Zwirble die Kordel so weit wie nur irgend möglich hinunter und sichere sie mit einem kleinen Haargummi.

4 Wiederhole die Schritte 2–3 auf der anderen Seite des Kopfes.

5 Nimm nun einen der beiden Kordelzöpfe und lege ihn ein paar Zentimeter hinter der Stirn über den Kopf.

6 Stecke ihn mit ausreichend Haarnadeln am Kopf fest.

7 Fixiere den Zopf auch neben dem Ohr.

8 Wiederhole das Ganze mit dem anderen Kordelzopf, indem du diesen vor oder hinter dem ersten entlang über den Kopf legst und feststeckst. Zum Schluss kannst du die Haargummis verbergen, indem du sie unter die Zöpfe schiebst. Befestige die gesamte Frisur noch einmal mit Haarnadeln.

9 Abschließend zupfst du noch ein paar Strähnchen in die Stirn, damit die Frisur einen etwas natürlicheren und romantischeren Look erhält.

Französischer SEITENZOPF mit Pferdeschwanz

Diese Frisur ist perfekt für alle, die auf der Suche nach einem echt abgefahrenen Party-Look sind! Wenn du Lust auf einen etwas anderen Pferdeschwanz hast, kannst du diese Frisur natürlich auch in der Schule tragen. Manche sind vielleicht nicht so begeistert davon, ihre Haare zu toupieren, und eigentlich muss man das auch nicht unbedingt machen. Wir finden jedoch, dass die Frisur dadurch das gewisse Extra erhält.

SCHWIERIGKEITSGRAD · **MITTEL**

DU BENÖTIGST · **EIN GROSSES HAARGUMMI, EINEN KAMM UND EIN PAAR HAARNADELN**

DAUER · **10-12 MINUTEN**

Step by step
ANLEITUNG

1 Teile zunächst die Haare auf dem Oberkopf zu einem Rechteck ab.
   Beginne dabei unmittelbar an den Schläfen und ende oberhalb des
   Hinterkopfes. Binde die Haarpartie vorläufig mit einem Haargummi
   zusammen, während du mit den übrigen Haaren arbeitest.

2 Flicht nun, wie auf unserem Bild gezeigt, auf der einen Seite des Kopfes einen französischen Zopf (siehe S. 17). Idealerweise sollte der Zopf
   in der Mitte des Hinterkopfes enden. Fixiere ihn vorübergehend mit
   einem Haargummi.

3 Arbeite die andere Seite genauso.

4 Entferne nun das Haargummi von der Haarpartie auf dem Oberkopf
   und teile davon einen kleinen Teil direkt oberhalb der Stirn ab.
   Toupiere diesen wie auf dem Bild und lege ihn dann nach vorn über die
   Stirn.

5 Toupiere schrittweise die gesamte Haarpartie auf dem Kopf.

6 Klappe nun die Haare, die du nach vorn über die Stirn gelegt hast,
   nach hinten. Falls dir die Haare nach dem Toupieren zu »unordentlich«
   aussehen, kannst du sie oben ein wenig mit dem Kamm glätten.

7 Binde alle Haare mitsamt den beiden Zöpfen zu einem hohen Pferdeschwanz zusammen und entferne die Haargummis von den Zöpfen.

8 Nun nimmst du eine Strähne aus dem Pferdeschwanz und wickelst sie
   um das Haargummi, damit es darunter verschwindet.

9 Stecke die Strähne unterhalb des Pferdeschwanzes mit ein paar Haarnadeln fest.

Hochgesteckte
FLECHTFRISUR

Mit dieser Hochsteckfrisur erntest du mit Sicherheit jede Menge Komplimente! Sie sieht unheimlich kompliziert aus, was sie in Wahrheit aber gar nicht ist. Das Schwierigste daran ist eigentlich, die Zöpfe so hochzustecken, dass es anmutig und ein bisschen »unordentlich« zugleich aussieht, doch das lernt man mit der Zeit. Diese Frisur eignet sich perfekt zu festlichen Anlässen, wie z.B. Hochzeiten oder Konfirmationen.

SCHWIERIGKEITSGRAD · **SCHWER**

DU BENÖTIGST · **ZWEI KLEINE HAARGUMMIS UND JEDE MENGE HAARNADELN**

DAUER · **10-15 MINUTEN**

Step by step
ANLEITUNG

1. Unterteile die Haare zunächst in 2 gleich große Partien und binde die eine mit einem Haargummi zusammen.

2. Nimm vorne an der Stirn einen Strang direkt am Scheitel und unterteile ihn in 3 Strähnen.

3. Flicht daraus einen französischen Zopf (siehe S. 17), bis du am Ohr angelangt bist. Gehe an dieser Stelle in einen Bortenzopf über (siehe S. 33), indem du weiterhin Haare von unten aufnimmst, jedoch nicht mehr von oben.

4. Wenn dein Zopf die auf dem Bild gezeigte Länge hat, nimmst du keine weiteren Haare mehr auf. Stattdessen flichtst du den Zopf ab hier ganz normal zu Ende und schließt ihn mit einem Haargummi ab.

5. Wiederhole das Ganze nun mit den Haaren, die du auf der anderen Seite vorübergehend mit einem Haargummi fixiert hattest.

6. Zwirble dann die noch offenen Haare, wickle den so gezwirbelten Zopf um sich selbst zu einem Knoten zusammen und stecke ihn dabei fortwährend mit Haarnadeln fest.

7. Nimm den einen der beiden geflochtenen Zöpfe und wickle ihn um den Knoten. Stecke ihn mit ein paar Haarnadeln fest.

8. Wiederhole das Ganze mit dem anderen geflochtenen Zopf.

9. Stecke nun den fertigen Knoten mit Haarnadeln am Kopf fest. Die Zopfenden schiebst du unter den Knoten.

FLOWER POWER

Flicht Blumen oder Bänder in dein Haar – so kannst du deine Frisur an die Jahreszeit und dein Outfit anpassen.

▶

Flicht einen holländischen Zopf (siehe S. 21) und stecke ganz nach Belieben Blumen in unterschiedlichen Farben hinein.

Flicht einen Wasserfallzopf (siehe S. 41), der an der Stirn beginnt und bis zur Kopfmitte reicht. Flicht dann darunter einen Bortenzopf (siehe S. 33), der ebenfalls an der Stirn beginnt und seitlich am Kopf endet. Dabei fügst du deinem Bortenzopf stets die Strähnen hinzu, die aus deinem Wasserfallzopf herausfallen. Drehe die Haare zum Schluss zu einem Knoten hoch.

VERRÜCKTE FRISUREN

Hier siehst du unsere außergewöhnlichsten Frisuren:

Wir haben Youtube-Videos erstellt, in denen wir dir diese Frisuren ganz genau erklären. Wenn du also Lust hast, noch mehr Frisuren als die in diesem Buch gezeigten zu lernen, dann schau dir unseren Youtube-Kanal an!